acabus

**Klaus Büchner**

# HANEBÜCHNER

Meine Gedichte und Fotos:
70 Jahre Klaus Büchner -
Mitbegründer und Sänger von Torfrock

acabus

**Klaus Büchner: Hanebüchner. Meine Gedichte und Fotos: 70 Jahre Klaus Büchner - Mitbegründer und Sänger von Torfrock, Hamburg, acabus Verlag 2018**

3. Auflage
ISBN: 978-3-86282-580-6

Lektorat: ds, acabus Verlag
Cover & Layout: © Annelie Lamers, acabus Verlag
Covermotiv: © Chris Emil Janßen

Bibliografische Information der Deutschen Nationalbibliothek: Die Deutsche Nationalbibliothek verzeichnet diese Publikation in der Deutschen Nationalbibliografie; detaillierte bibliografische Daten sind im Internet über http://dnb.d-nb.de abrufbar.

Der acabus Verlag ist ein Imprint der Diplomica Verlag GmbH, Hermannstal 119k, 22119 Hamburg.

---


1. Auflage: acabus Verlag Hamburg 2018

http://www.acabus-verlag.de
Printed in Europe

# HANEBÜCHNER.

# INHALT

# VORWORT

„Du hast ganz schön einen an der Marmel“, sagt man gelegentlich, mal entgegenkommend, mal sachlich zu mir. „Das stimmt“, entgegne ich dann, „aber davon leb’ ich.“

Mein Talent zum Humor, zum Blödeln und Witze erzählen entwickelte sich schon früh in der Schule durch zwei persönliche Defizite. Ich konnte weder mit Größe noch mit Stärke punkten. Also begann ich Blödsinn zu verzapfen und war damit immer ganz weit vorne, was manchen Lehrer seine Friedfertigkeit vergessen ließ. Doch ich sagte mir: „Lieber drei Stockschläge einstecken, als einen Gag unterlassen.“ Privat habe ich immer meinen Humor gepflegt, beruflich seit 1977 bei „Torfrock“ mit Songtexten und Sketchen.

Mit Gedichten beschäftige ich mich seit circa 1984. Hin und wieder schrieb ich eins und trug zwei, drei oder vier während der Auftritte vor. Erst ab März 2015, mit Ankunft der Hündin Fienchen, wurde es rasanter mit dem Reimen. Wahrscheinlich haben mich unsere langen Spaziergänge dazu animiert, einen Gedichtband anzupeilen. Gleichzeitig begann ich auch zu fotografieren. Zu den Motiven fallen mir Verse ein, oder ich suche ein Motiv zu den Versen. Woher meine Idee für ein Thema kommt, frage ich mich hinterher meist selbst, aber Fienchen und die Spaziergänge sind wahrscheinlich ein wichtiger Katalysator für meine Inspirationen.

Natürlich kann ich auch ernst, traurig, wütend oder melancholisch sein, nur eben nicht so häufig. Wofür ist Humor gut? Da gibt es wohl tausend Gründe. Mir gefällt am Besten die Erklärung von Joachim Ringelnatz: „Humor ist der Knopf, der verhindert, dass einem der Kragen platzt.“

# FRÜHER UND GANZ FRÜHER.

Klaus 1956

## STEINZEIT

Ein Mensch der jüngeren Steinzeit
nahm sich etwas Freizeit,
baute sich ein Wohnmobil
und suchte sich ein Urlaubsziel.
Bald kam er an mit seiner Bande
und gründete die Niederlande.

## ENTDECKUNG EINER NEUEN WELT

Die Wikinger sah'n Land in Sicht
und fuhr'n auf'n Strand.
Udo hat nach Holz geschaut
und 'n Anleger gebaut.
So wurde dieses Land
„Udo sein Anleger" genannt.

Nach „Udo sein Anleger" fuhr man
immer gerne jedes Jahr.
Nur der Name für das Land
war nach Metgenuss zu lang.
Bis er ausgesprochen war,
war man beinah wieder klar.
Da kam Udo auf die Idee:
„Abgekürzt ist auch okay."
Von da an hieß das USA.

## DER MINNESÄNGER

Zur Ritterzeit galt es als fein,
als Minnesänger rumzuschleim'.
So sang auch Ritter Götz von Blech:
„Oh, du Licht von allen Kerzen!
Süße Schmerzen in mein' Herzen!
Bring mir das Glück und nich' das Pech.
Ich minne dich!
Beminne mich,
denn Minne-Mangel quält."
Er war vom Minnen
wie von Sinnen,
sonst hätt' er nich' so 'n Stuss erzählt.

## EIN RITTER IN DER SCHLACHT

Ein Ritter zog zur Ritterzeit
zum Kampf. Der war sehr blutig.
Dort nahm er sich zum Zittern Zeit,
denn er war nicht sehr mutig.
Bald war das Schlachtfeld übersät
mit jüngst verstorb’nen Rittern.
Der Kampf war aus. Er kam zu spät,
denn er war noch am Zittern.

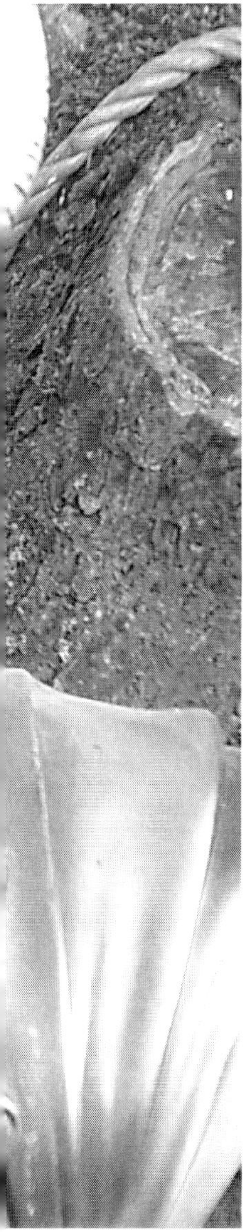

## RITTERFEHDEN

Zu den Kriegen in den Reichen
zogen Ritter, stolz wie Eichen,
aus dem Krieg nicht ganz so stolz
mit Arm und Bein aus Eichenholz.

25

# DAS LEBEN UND ALLES ...

Klaus 1959

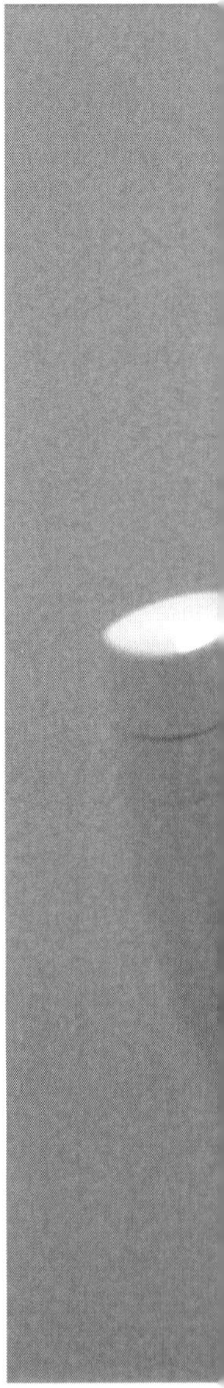

## BEIM ZAHNARZT

Nu' sitz ich hier mit leichtem Schaudern.
Der Zahnarzt fängt an, nett zu plaudern,
vom Wetter und von Politik,
von seinem Hund und von Musik.
Ich will auch Kommentare machen.
Wie soll das geh'n mit off'nem Rachen?
Dann schaff' ich doch 'n Kommentar,
ein sachliches, fundiertes „Ah",
setz' noch ma' an zu einem Spruch,
doch raus kommt höchstens Mundgeruch.

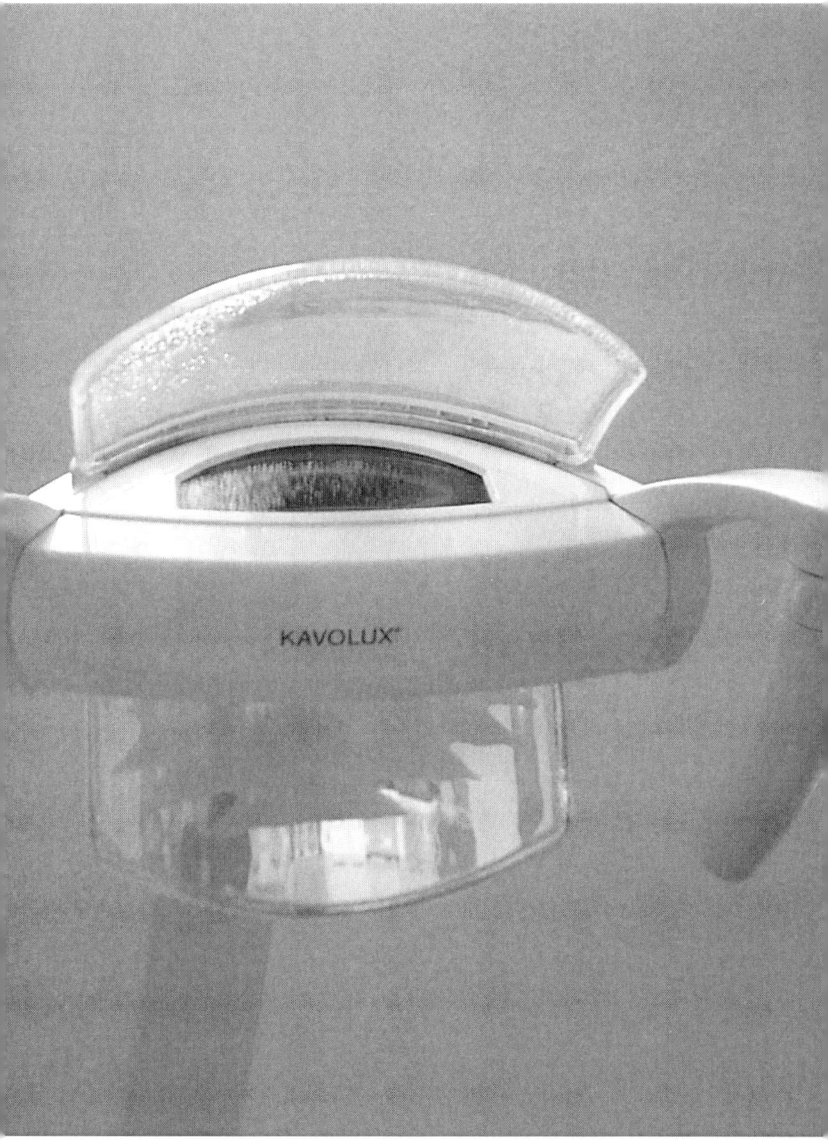
KAVOLUX

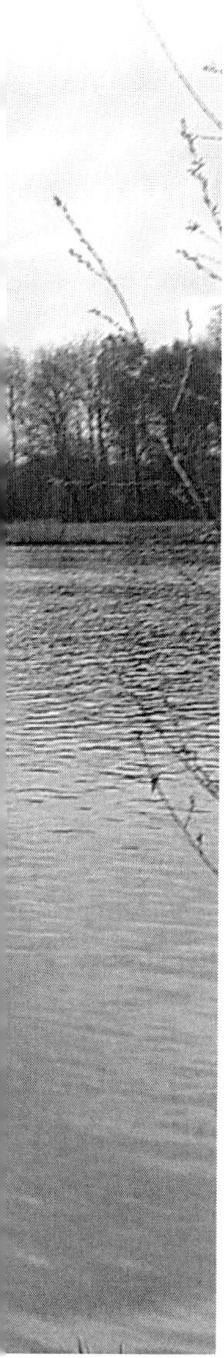

## DAS PIRATENSCHIFF ANDREA

Ein Schiff, vor Jahren mal getauft
auf den Nam' ‚Andrea',
fuhr den Kanal runter und rauf
und übers weite Meea.

Der Käpt'n war charakterschwach
und wurde zum Piraten.
Die Crew hat auch gern mitgemacht
bei kriminellen Fahrten.

Nich' immer glückt Freibeuterei,
und schafft reiche Piraten.
Da is' auch manchma' Pech dabei.
Auch Entern hat 'n Haken.

Nach Entern eines Schweden ging's
bergab mit der ‚Andrea'.
Denn der Profit war zu gering
mit Möbeln von IKEA.

## DER BENGEL

Ein Bengel sitzt im Wiesengrund
und albert rum mit seinem Hund,
kann die Erwachs'nen nich' versteh'n,
die alles so verkniffen seh'n.
„Ich glaub'", denkt er, „man sucht vergeb'ns
den knüppelharten Sinn des Leb'ns.
Vieleicht begreif' ich das ma' später.
Ich bin ja noch ein Pubertäter.
Ich bin noch grün, aber das gibt sich.
Ich bin ja immerhin erst siebzich."

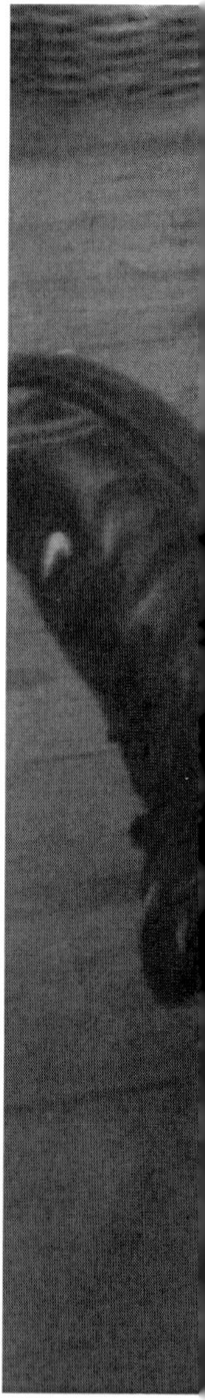

## DER BOXKAMPF

Zwei Boxer stiegen in den Ring
und hauten sich jeder ein Ding,
dann Leberhaken, Uppercut,
natürlich auch die Nasen platt.
Es folgten in den nächsten Runden
noch Platz-, Schürf-, Prell- und andre Wunden.
Sie trafen hart, mal hier mal dort.
Keiner von beiden sprach ein Wort.
Was hätten sie auch sagen sollen?
Es klänge ohnehin geschwollen.

## DER STREIFSCHUSS

Ein Streifschuss, der sein Ziel nur streift,
lässt haarscharf darauf schließ'n,
der Schütze hat den Schuss vergeigt.
Er muss wohl noch ma' schieß'n.

## DER WEG

Ich wollte zu Heike.
Die war nich' zu Hause.
Dann ging ich zur Kneipe.
Montags is' Pause.
Dann ab ins Konzert.
Das war ausverkauft.
Zum Saufen zu Gerd.
Der machte nich' auf.
Zum Fußball zu Heiner.
Doch heut' war kein Spiel.
Erzähl mir jetzt keiner:
„Der Weg ist das Ziel."

## DIE DREI DROGENKONSUMENTEN

Es war'n drei Drogenkonsumenten,
die die ganze Nacht nicht pennten,
morgens auf dem Weg nach Hause
zu einer kleinen Drogenpause.
Da erlebten sie die Härte,
dass eine Wand den Weg versperrte.
Der Kokser rief: „Was soll schon sein?
Die klopp'n wir jetzt locker ein!"
Der zweite sprach, voll LSD:
„Dir fehlt der Durchblick, wie ich seh'.
Du hast dich in Gewalt versteig'n,
man kann doch locker rüber flieg'n."
Der Kiffer sprach: „Das sind so Sach'n …
Ach, wisst ihr was? Lass morg'n mach'n."

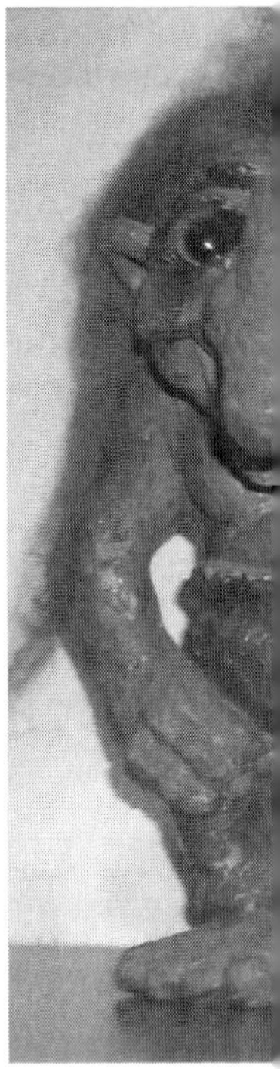

## DIE DROGENREISE

Heut' fliegen wir nach Ghana
und rauchen Marihuana.
Mit Rum geht's an den See,
plus Koks und LSD.
Und später, mit entgleister Mimik,
geht's ab in die Klinik.

## DIE ZIGARETTENGLUT

Ob die Zigarettenglut,
bevor sie in des Flusses Flut
ein für alle Mal erlischt,
einmal nur noch schmerzhaft zischt,
oder ob ein Rest von Rauch
vom Wind verjagt wird, oder auch,
die Luft ist still, der Rauch zieht heim,
das interessiert bestimmt kein Schwein.

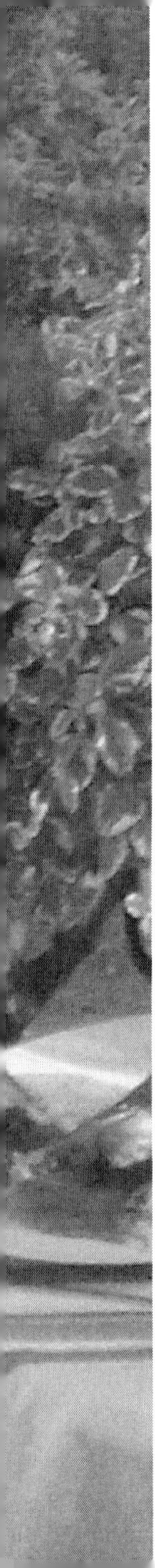

## MA' LEBEN

Wir hör'n Guns and Roses
und essen Gans und Rotkohl.
So lang das Leben so is',
is' man noch nich' tot wohl.
Dazu ein kleines Weinchen.
Okay, 'ne ganze Flasche.
Ich guck nich' auf die Scheinchen.
Heut' komm ich in die Tasche.
Heute ma' keine Politik,
wo schlimme Worte fall'n.
Wir tun ohne Sozial-Kritik
'n büsch'n albern lall'n.
Wie ich bei dieser Weltenlage
so 'n Tach genieß'n kann?
Die Antwort is' auf diese Frage:
„Ta damm, ta damm, ta damm."

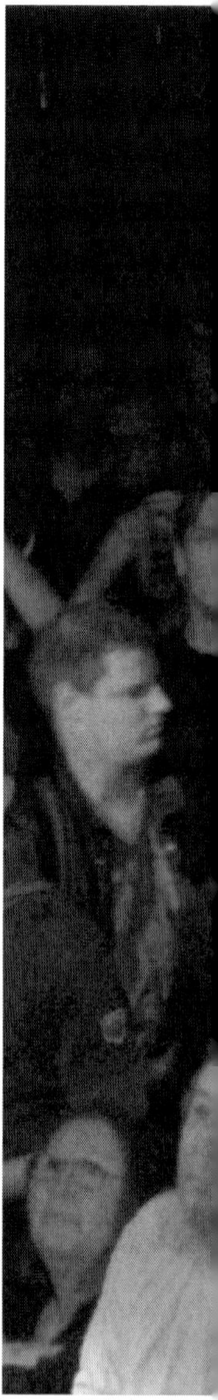

## RAUCHVERBOT BEIM GIG

Aufgrund weltweiter Rauchertoten
wird dem Publikum verboten
zu rauchen, sonst schlägt man Alarm.
Ich halt' den Staat nicht für 'n Erpresser,
denn es riecht nu' viel viel besser
nach Bier, nach Schnaps und unterm Arm.

## ZU SPÄT ZUR PARTY

Ich komm' zu spät zur Party
und bin noch völlig nüchtern.
Quietschig umarmt mich Kathy.
Das macht mich etwas schüchtern.
Zum achten Mal meint Dieter,
er hat 'n neuen Wagen,
und Kurt schimpft immer wieder,
er will Karl-Heinz verklagen.
Zum elften Mal sagt Peter:
„Das wird sich alles rächen."
Ulf lallt: „Das weiss 'och jeder."
Und sprüht mich an beim Sprechen.
Ich stürz' zu den Getränken.
Schnaps, Wein, Bier, immer rin!
Besoff'ne kannste mir schenken,
wenn ich noch nüchtern bin.

# DIE WELT, DAS LAND, DIE STADT UND ÜBERALL.

Klaus 1951

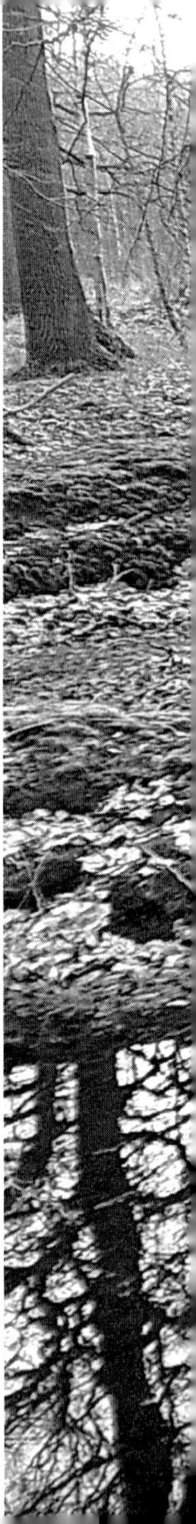

## DIE PFÜTZE

Ich sinnier' hier so und sitze
am Waldesrand vor einer Pfütze
und denk mir: „Jetz 'n starker Reg'n.
Richtig 'ne Sintflut mussas geb'n.
Die Pfütze wär' dann bald 'n Teich,
dann See, weil hoch das Wasser steigt.
Und hätte man danach viel Sonne,
würde von einer Seite vonne
andern kaum das Ufer seh'n,
könnt' man 'ne Runde paddeln geh'n."

## DIE VIER JAHRESZEITEN

Zum Sommer spricht der Herbstwald:
„Hör ma', ich glaub', du sterbst bald."
Der Sommer meint: „Aber dahinter
killt dich auch demnächst der Winter."
Der Winter sagt: „Da bin ich bei.
Ich steh' hier schon ma' auf Standby."
Von ferne kichert schon der Frühling:
„Ich hab' da auch 'n gutes Feeling.
Dann wächst wieder Blüte und Blatt,
und ich mach' den Winter platt."
Der Sommer ruft: „Na, das wird spitze!
Ich hau' den Frühling in die Grütze!"
Nu' fragen sich die vier benomm':
„Wer hat denn eigentlich gewonn'?"

## IM WALD

Ich geh' in einen Wald hinein.
Alles ruhig, nur ich bin hier.
Da schwant mir, ich bin nich' allein.
Will hier einer was von mir?
Tausend Augen sind am Lauern,
aus allen Ecken, allen Winkeln.
Was mach' ich bloß?! Ich tu' erschauern
und trau mich gar nich' mehr zu pinkeln.

Tittenta

## INTIMER ORT

Es begeben sich die Frauen,
um in Ruhe mal zu schauen:
„Stimm' bei mir noch alle Maße?",
in die ...

## NORDSEE-VERGNÜGEN

Ein Badegast ging an den Strand,
wo er, weil Ebbe, kein Wasser fand.
Er setzte sich, fing an zu saufen.
Das mit dem Baden war gelaufen.

## STANDPUNKTE

Früher in den alten Zeiten
musste man noch lange reiten,
um von Brem' nach Kiel zu komm'.
Heute kannssu dir in Brem'
einfach eine Taxe nehm'.
Das ist ein Fortschritt, unbenomm'.
Stehst du aber schon in Kiel,
hassu davon auch nicht viel,
woran man wieder sehen kann:
Auf den Standpunkt kommt das an.

## STILLE RINGSUM

Stille ringsum.
Vogel, Frosch und mein Hund,
alles ist stumm.
Der Fisch hält eh den Mund.
Nur weit in der Ferne,
ungefähr aus Nord-Osten,
hört man in der Feucht-Wärme
ein Fahrrad verrosten.

## UNSER PLANET

Es gibt auf dieser großen Welt
einen großen Haufen Geld.
Der wiegt, und das ist nicht gesponnen,
weit mehr als zwanzig Megatonnen.
Dazu noch Geld in Form von Häusern
und andre Dinge zum Veräußern,
sodass es sich von selbst versteht,
was er ist, unser Planet.
Die Erde, Kontinent und See:
ein tierisch großes Portemonnaie.

# TIERISCH.

Klaus 1950

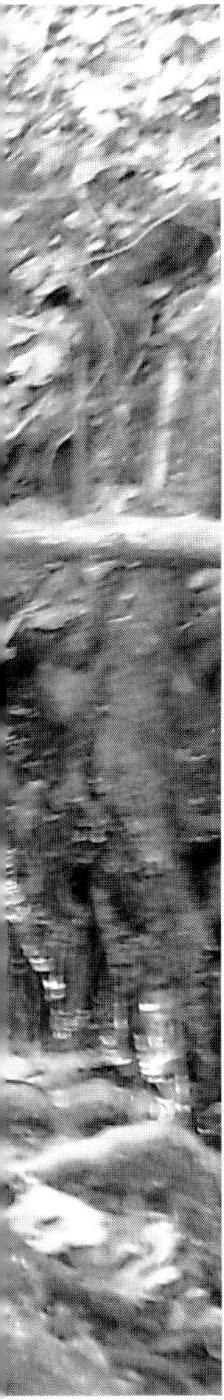

## DER AAL

Zu Schleswig, tief im Wickeltal,
lebte einst ein langer Aal.
Der traf eine längere Aalin
und wollte sie zur Gemahlin.
Die sprach: „Na gut denn, aber wehe,
du willst 'ne Laichung vor der Ehe!“

## DER MAULWURF

Der Maulwurf denkt vor sich hin:
„Wie gut, dass ich kein Hase bin,
oder ein Fuchs, oder ein Reh.
Will ich ein Wildschwein sein? Nö nö!
Stets hängt der Jäger ihn' im Nacken,
beim Fressen, Jagen oder Kacken.
Hier unten hab ich immer Schutz,
wenn ich mein' Regenwurm verputz.
Die müssen sich da oben graul'n.
Nö nö, da wurf ich lieber maul."

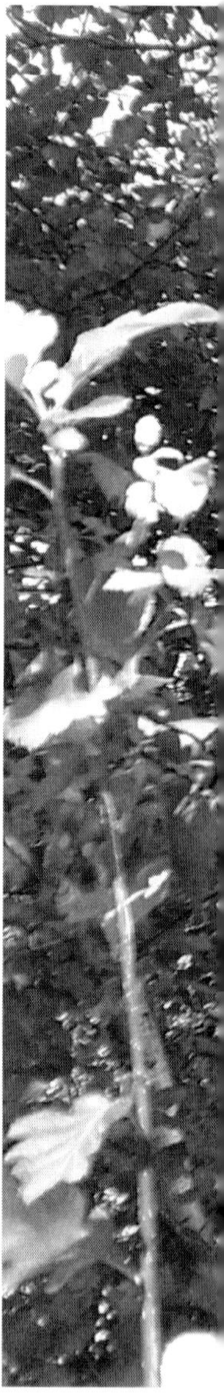

## DER SPECHT

Ein Specht tat mittels Kopf und Nacken
sich TACK TACK TACK 'ne Wohnung hacken.
Danach begann er rumzuflattern,
um ein Weibchen anzubaggern,
und fragte: „Ist es dir so recht?"
Sie nickte: „Jo, nicht schlecht, Herr Specht.
Dein Schnabelwerk machtest du gut.
Nu' lass uns menscheln für die Brut."
Dann gibt es nicht mehr viel zu sagen.
Das Weibchen tat die Brut austragen,
und später, nach 'ner kleinen Feier,
sang man ein Schlaflied für die Eier.

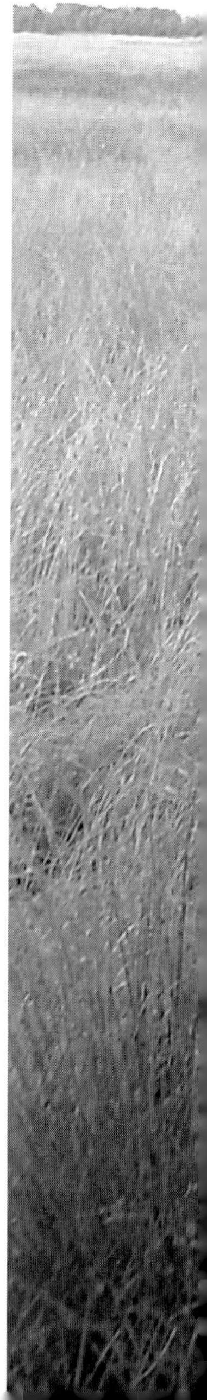

## DIE KUH

Zur Kuh gehör'n zwei Hörner.
Die will sie auch behalten,
denn gar nichts liegt ihr ferner,
als sich zu missgestalten.
„Oh Bauer, steck die Säge weg",
muht sie unter dem Himmel,
„'ne Kuh ohne ihr Horngesteck
is' wie 'n Bauer ohne Hände."

## ENTSPANNT

Wenn ich behaupte, wir wär'n clean,
dann wär das ehrlich leicht gelog'n.
Denn wenn wir durche Wildnis zieh'n.
Sind wir nich' pausenlos am tob'n.
Nee, wir machen auch ma' Pause,
der Hund und ich, wir zwei allein,
für eine kleine Drogen-Sause.
Er schnüffelt, und ich rauch mir ein'.

## FRESSEN UND GEFRESSEN WERDEN

In dem Hochsitz sitzt ein Jäger
mit seiner Büchse auf der Lauer.
Er ist geübter Wilderleger
und im Vergleich zum Wild viel schlauer.
Schon hört man einen lauten Schuss
durch die Stille übers Feld.
Der macht mit einem Hirschbock Schluss.
Das bringt Geweih plus Fleisch und Geld.
Da bricht ein Bär von hinten ein.
Er rammt die Tür auf mit den Tatzen.
Der Jäger ruft: „Das gilt nicht! Nein!“
Dann hört man durch die Stille … Schmatzen.

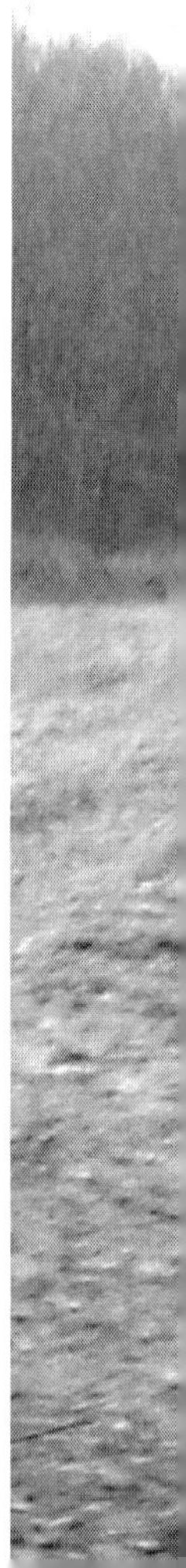

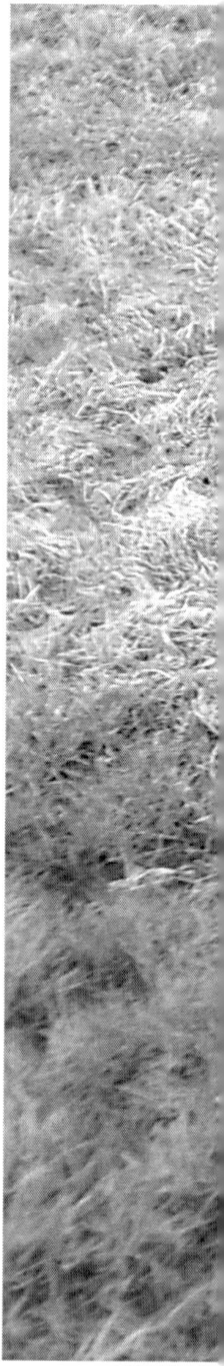

## GESPANNTES VERHÄLTNIS

Die Wühlmaus tut, wie alles Leben,
vielen Wesen Nutzen geben.
Für den Hund dient sie dem Zweck
zum Buddelsport und Wiesen-Snack.
Noch geht sie ihm nicht in die Fänge,
macht sich dünn durch Tunnelgänge
und entwickelt mittlerweile
gegen Hunde Vorurteile.
Auch der Hund ist Realist,
dass da schwer was zu kitten ist.
Und die Moral von der Geschicht'
weiß man nicht.

## TIERISCHES LIEBESSPIEL

Der Seehund sprach zum Känguru:
„Ich sah noch niemanden wie du.“
Das Känguru, ein kluges Tier,
sprach: „Mir geht's ebenso wie dir.“
Und dann begann das Liebesspiel,
denn Tiere labern nicht so viel.

# KUNST UND KÜNSTLER.

Klaus + seine Schwester Erika
Silvester 1955

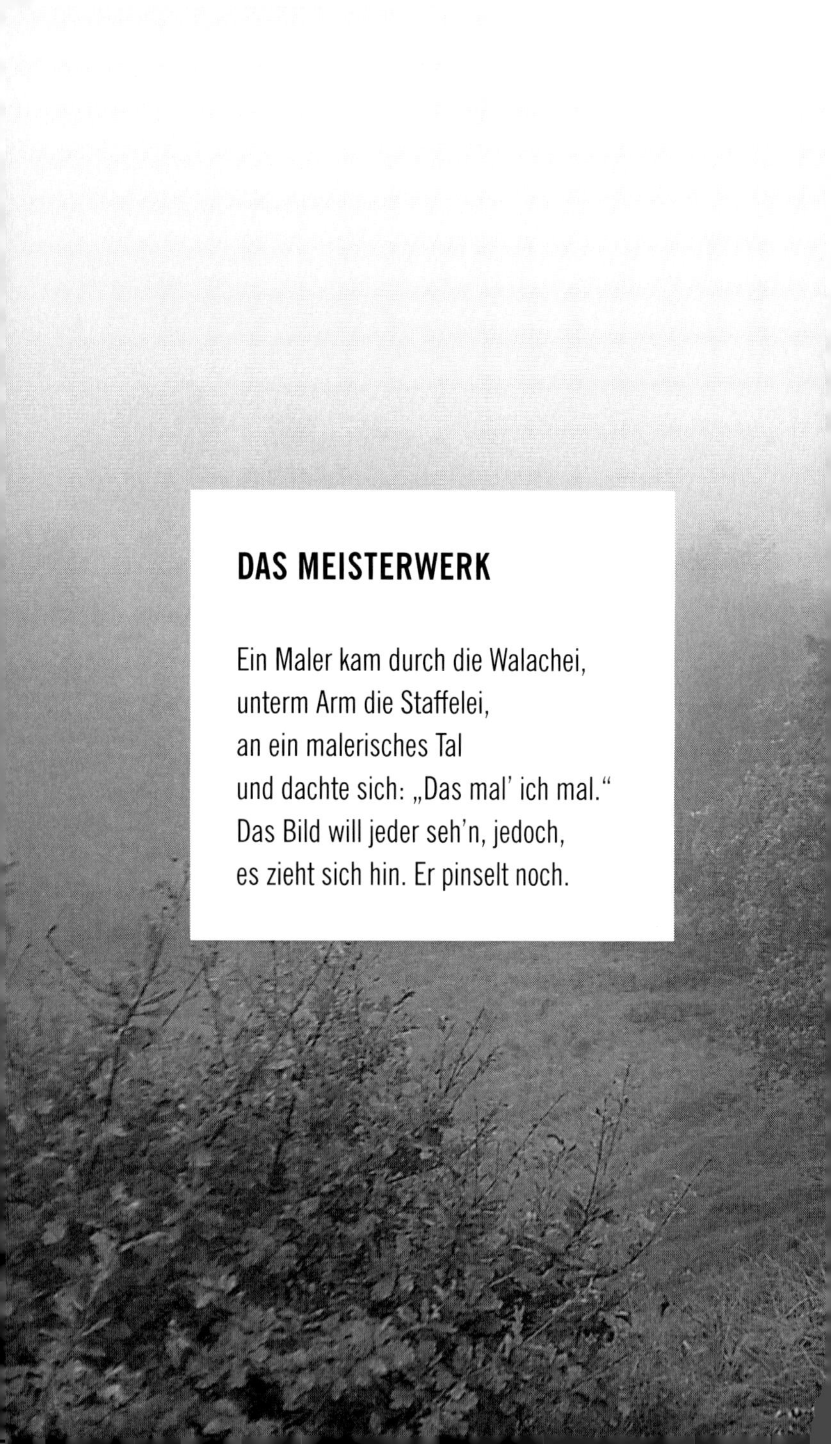

## DAS MEISTERWERK

Ein Maler kam durch die Walachei,
unterm Arm die Staffelei,
an ein malerisches Tal
und dachte sich: „Das mal' ich mal."
Das Bild will jeder seh'n, jedoch,
es zieht sich hin. Er pinselt noch.

## DER FLÖTIST UND DER SÄNGER

Ein Sänger und Flötist kam her
und begleitete den Rock.
Er spielte nicht die Flöte quer.
Nein, seine Flöte war 'ne Block.
Weil der Laie es nicht sieht,
erklärt jetzt der Flötist und Sänger
zur Querflöte den Unterschied:
Die Bass-Blockflöte brennt viel länger.

## REIM UND WIRKLICHKEIT

Auf den Vers „karierte Hasen“
reimt sich „stehen auf dem Rasen“.
Als Reim soll das auch ruhig mal gelten.
Aber man sieht das eher selten,
denn in Wirklichkeit steh'n diese
mehr auf 'ner Weide oder Wiese.

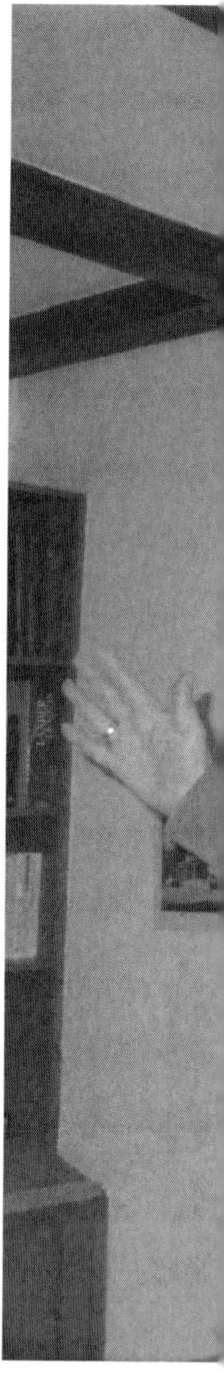

## SCHLAGERSTAR VON WELT

Ich bin ein Schlagerstar von Welt,
doch lieber mag ich Rock.
Aber Schlager bring' das Geld.
Der Rock brachte nur Bock.

Der letzte Song floppte auf 'mal.
Ich hatt' schlechte Berater.
Mein angehäuftes Kapital
trag ich nun zum Psychiater.

Da half nur noch das Dschungelcamp.
Da war noch was zu schaffen.
Ich hab noch nie 'n Trend verpennt,
auch nich' den Maden-Affen.

Jetzt hab ich 'ne Idee, 'ne geile.
Der Hit heißt „La la Uh“
mit der genialen Hammer-Zeile
„Baby, ich und du“.

BALTI
17
MORE

## TATORT

Um ma' mitreden zu könn',
darf man „Tatort" nich' verpenn'.
Zuerst kommt ma' der Kommissar,
und schon sind die Probleme da,
mit seiner Freundin und den Gör'n,
die partout nich' auf ihn hör'n,
und er streitet mit Kollegen.
Das soll'n Kollegen sein? Von wegen!
Schwierigkeiten überall,
dazu ein komplizierter Fall.
Der Bösewicht war so geartet,
dass keiner das von ihm erwartet.
Trotz Arbeit-, Freundin-, Kinder-Stress
nimmt ihn der Beamte fest.
Als Filmmusik, ma' laut ma' leiser,
repariert jemand 'n Synthesizer.

## WARUM GEDICHTE

Warum dichte ich vom Baum?
Warum reime ich vom Traum?
Was veranlasst mich zu reden?
Vorm Mikrofon, vor dir, vor jedem?
Die Antwort, warum ich Gedichte
für euch aus meiner Feder hole,
ist leider eine etwas schlichte:
Das ist mein Job. Ich brauch' die Kohle.

# MYSTERIÖSES UND LEGENDEN.

Klaus 1949

## DAS EREIGNIS

Es war vor langer, langer Zeit,
da geschah es eines Nachts
oder am Morgen bei Helligkeit,
vielleicht auch nachmittags, was macht's.
Plötzlich war es auf dem Meer.
Oder wär' „an Land" eher richtig?
Egal, ist ziemlich lange her.
Jedenfalls war es nicht wichtig.

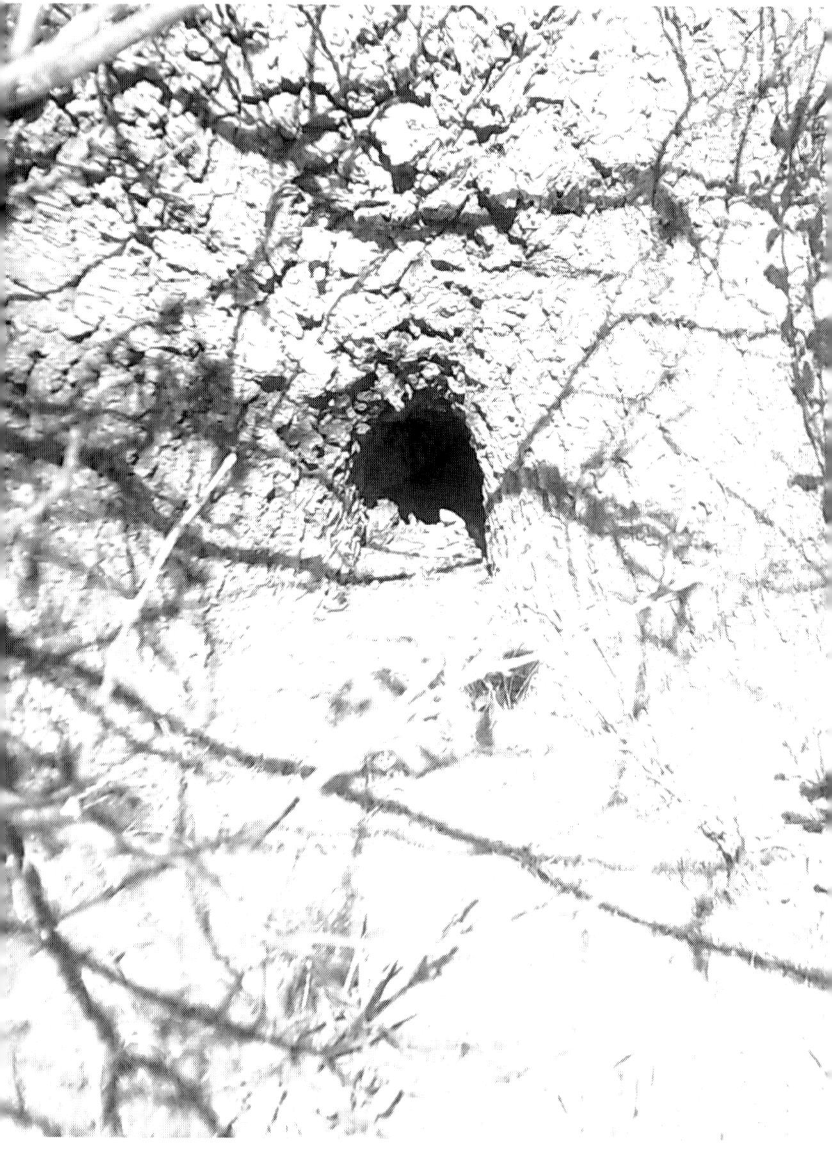

## DER KOBOLD

Aus einem Baum, war wohl sein Haus,
trat ein Kobold zu mir raus
und fragte: „Sach ma', hilfst du mir?
Ich hatte jahrelang kein Bier."
Ich stimmte zu: „Das hat sein' Preis.
Sach was du vonne Zukunft weißt."
„Das kann ich", kicherte er leise,
„denn ich bin nämlich ganz schön weise."
Mit Bier kam ich zurück in' Wald.
Danach wirkte er angeknallt,
wankte zurück zu seiner Wohnung
und sprach: „Ich sach dir zur Belohnung,
damid du jetz' in Bilde biss:
Die Ssunkunf is' ssehr ungewiss."

## DER LÄSTIGE NADELBAUM

Ein Nadelbaum mit Sex-Bedarf
war auf ’ne Nadelbäumin scharf.
Die fand das unverschämt und lästig,
beschwerte sich beim Waldmann heftig.
Darauf erscholl sein Werkzeug dumpf,
und Schluss mit scharf, nu’ isser stumpf.

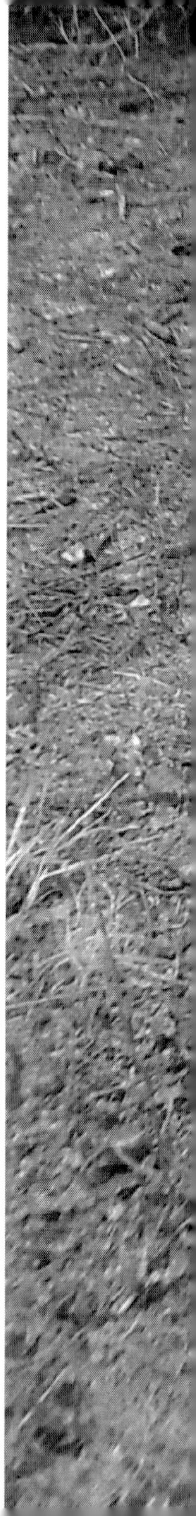

## DER VAMPIR

Ein Vampir wollte was reiß'n,
suchte im Wald 'n Mensch' zum Beiß'n.
Endlich hat er ein' getroff'n
und sich gründlich vollgesoff'n.
Nach Magenkrämpfen wurd' ihm klar,
dass dieser Mensch 'n Zombi war.
„Mir doch egal", meinte der Zombi,
„denn bin ich jetz' halt 'n Vampombi."

## DER WERWOLF

Der Werwolf ist normalerweise
ein ganz normaler Mann.
Doch geht der Vollmond auf die Reise,
fängt die Verwandlung an.
Jeden schockt es dann und sei
er noch so hartgesotten.
Erst kommt ein Knurren, dann ein Schrei,
dann platzen die Klamotten.
Und eh du dich versiehst
wird er zum fiesen Biest.
Doch an den vollmondfreien Tagen,
was wird er da wohl machen?
Ich denke mal, er geht in' Laden
und kauft sich neue Sachen.

## UFO

Wenn du ma' 'ne Ufo-Sichtung machst,
denn hassu 'n Geheimnis aufgeschnappt,
oder hast eventuell auch was
von dies und das zu viel gehabt.

## WIE ODIN ZU SEINEM NAMEN KAM

Odin hieß nicht immer so.
Davor hieß er Franz Peter.
Mit Schlapphut, Mantel, Met to go,
so kannte ihn fast jeder.

Zwei Raben war'n seine Begleiter.
Sie verpetzten viel.
Franz Peter aber wollte weiter.
Der volle Durchblick war sein Ziel.

Franz Peter gab ein Auge her,
wovon er zwei nur hatte.
So kriegte er an Weisheit mehr
und eine Augenklappe.

Ein Bauer traf ihn auf dem Feld,
bekam erst einen Schreck
und hat besorgt dann festgestellt:
„Oh, din een Oog, dat is' jo weg."
(Oh, dein eines Auge, das is ja weg.)

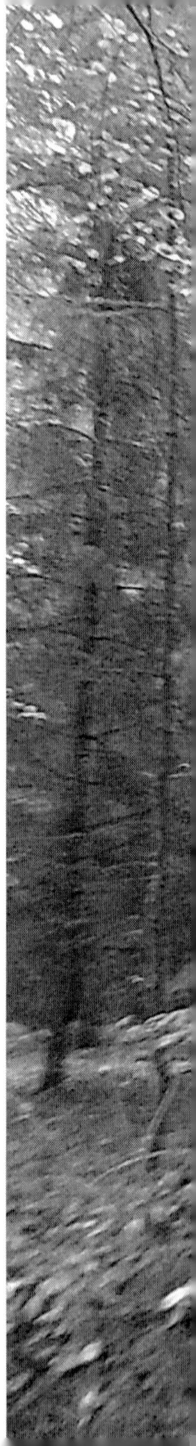

# GUTE NACHT.

Klaus + Erika
1951

## ABENDSTILLE

Zum Abend wird es wieder dunkler,
und immer wieder wie ein Wunder
senkt sich Ruhe übers Moor.
Noch ein leises, keckes Piepsen.
Der Drosselmann sagt seiner Liebsten:
„Schietel, ich hau' mich aufs Ohr."
Dann ist Stille, nur Nebel wabern.
Man würd' nichts hör'n, würd' ich nicht labern.

## EIN TAG GEHT ZU ENDE

Kurz bevor die Sterne blinken,
sieht man die Sonne niedersinken,
was man wahrscheinlich auch vom Mars kann.
Nun wird es dunkel, und das war's dann.

# WEIHNACHTEN.

Klaus + Erika
Weihnachten 1955

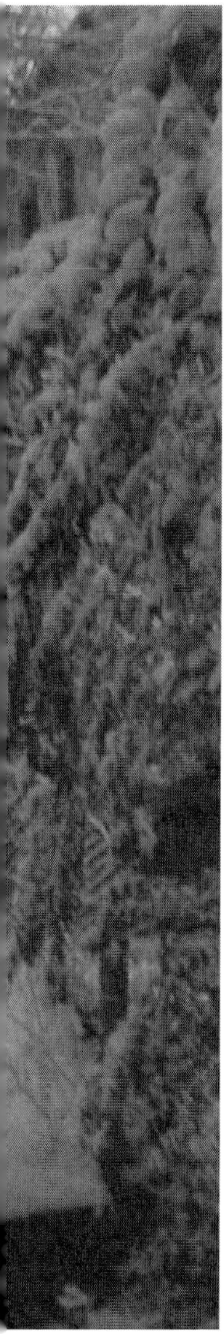

## ADVENT

Advent, Advent.
Ein Lichtlein brennt.
Erst eins, dann zwei, dann drei, dann vier,
nu' fünf, nu' sechs, nu' sieben, nu' acht …
Nu' hab ich das zu hell gemacht.

## BESUCH VOM CHRISTKIND

Eines Nachts zur Weihnachtszeit
stand das Christkind vor der Tür.
Man sah es an dem weißen Kleid.
Mir schien, als wollte es zu mir.
„Bist du das Christkind?“, rief ich froh,
„und könnte ich dich ma’ was frag’n?“
Da nickte es und sagte: „Jo.“
Das ließ ich mir nich’ zweimal sag’n.
Ich fragte: „Bringst du mir Geschenke
zusamm’ mit Frieden in der Welt
und ein paar leckere Getränke?
Krieg’ ich auch ’n büsch’n Geld?“
Mir schien, als dacht’ es drüber nach
und rührte mit dem Fuß im Schnee.
Dann hat es mich nett angelacht,
drehte sich um und sagte: „Nö.“

Klaus bei seiner Einschulung 1955

## VITA

Klaus Büchner wurde am 26.03.1948 in Hamburg geboren und 1955 – erst ein Jahr später als normal – eingeschult (zu klein und verspielt). Als sein Vater, der Berufssoldat war, 1964 nach Schleswig versetzt wurde, zog Büchner mit der Familie (Mutter und zwei Schwestern) um. Dort nahmen die Schwierigkeiten in der Schule kein Ende. Er hatte Probleme mit den Lehrkräften und sie mit ihm, was ihn dazu veranlasste, 1965 die Lehranstalt zu verlassen.

In diesem Jahr trat er der ersten „Beat"-Band bei und begann gleichzeitig eine Lehre als Großhandelskaufmann für Beton-Fertigteile, die er 1968 erfolgreich abschloss. Danach verpflichtete er sich für vier Jahre zur Bundeswehr, merkte aber, infolge einer spätpubertären Nachreifung, dass das Soldatische nicht mit seiner Mentalität in Einklang zu bringen war, und er wurde nach 20 Monaten als anerkannter Kriegsdienstverweigerer entlassen.

In Schleswig war er durchgehend, ausgenommen seine Bundeswehrzeit, in verschiedenen Bands aktiv. Weil das wenig bis gar kein Geld einbrachte, hatte er bald ca. 25 gut bezahlte „Knüppeljobs", wie Dachdeckerhelfer, Messgehilfe, Dachpfannenwerk, Tiefbau, Butterwerk und vieles mehr auf der Steuerkarte.

1975 zog er wieder nach Hamburg, wo er Raymond Voß begegnete. Sie fingen sofort an, in Clubs und Kneipen Musik zu machen und vertonten englischsprachige Lyrik. Sein letzter Job in der freien Wirtschaft war Bühnenarbeiter im Ernst-Deutsch-Theater. Dadurch kamen Raymond und er auch an

Theatermusik in dem Shakespeare-Stück „Wie es euch gefällt", was zum ersten Mal einen nennenswerten Betrag einbrachte.

Eine Schnapsidee aus Schleswig führte erst langsam, dann rasant zum Projekt „Torfrock". Während einer Party sollte er „Hey Joe" von Jimi Hendrix singen, war aber so alkoholisiert, dass er den Text vergaß, kannte aber den Inhalt und spielte auf Plattdeutsch damit rum, zu seiner Überraschung mit Erfolg. Raymond und Klaus griffen die Schnapsidee wieder auf. Die Publikumsreaktionen waren derart, dass sie mit drei weiteren Gründungsmitgliedern „Torfrock" entwickelten.

1977 erschien das erste Album, vier weitere folgten. 1983 bis 1988 legten sie eine Pause ein, in der Büchner in das Projekt „Klaus & Klaus" rutschte. Bisher hatte er nur Songtexte geschrieben, doch „Klaus & Klaus" erhielten eine monatliche Musiksendung beim NDR 2 und nannten sie „Das Ohrenkino". Dort entstanden die ersten Reime. Später führte er immer zwei oder drei dieser Reime während der Auftritte auf und später auch bei Torfrock.

1997 entschied er sich ausschließlich für Torfrock, denn die Doppelbelastung ließ sich nicht mit seiner Vorstellung von Lebensqualität vereinbaren.

Seit 1990 spricht er in den Zeichentrickfilmen „Werner" denselben. Ab 2015 hat er sich intensiver mit Kurzgedichten beschäftigt, sodass jetzt Material für zwei weitere Bände auf Veröffentlichung wartet. Er lebt mit seiner Frau, drei Katern und einer Hündin in Dithmarschen.